Perseguindo Estocolmo

Um conto americano

Andrea Champion

DEDICAÇÃO

Com profundo respeito na dedicação sincera a
Paul Binochi, abduzidos e a todos como nós.

ÍNDICE

AGRADECIMENTOS

Agradeço sinceramente a *Jennifer Ruth Warwick*, cuja experiência serviu em parte como inspiração para os elementos da minha introdução. Agradeço muito a *Delbert Poppe Sr* pelos muitos anos de amizade e apoio incansável durante os meus momentos mais difíceis. Além disso, tenho um sincero apreço pelo trabalho do meu artista de capa, *Thiago Matos*, <u>Mirror Fragments on Gray with Arm Reflection,</u> apresentado no Pexel dot com. Além disso, minha capa de livro não estaria completa sem a ajuda do Amazon Kindle, que possui um alto padrão de resolução de imagem, e, por último, mas igualmente crítica, foi a assistência que recebi de um webinar, <u>Crítica de capa de livro</u> com *Natasha Mackenzie*, da Reedsy dot com. Agradeço a todos e todos!

CAPÍTULO 1

SINAL DE MUDANÇA

Em uma tarde fria e ensolarada, um ruído baixo à distância podia ser ouvido às 17h35. O som alertou aqueles que não estavam muito absorvidos no final da vida comercial que perderam o silêncio peculiar inicial. A mente tentou sugerir uma causa para o barulho estranho. Foi uma bomba? Mas essa ideia foi logo descartada pelo ressoar do trovão persistente. Esses sinais de alerta foram tudo o que alertou os cidadãos de Anchorage quando um terremoto de tamanho imenso ocorreu. Mero pântano fortificado formava grande parte da plataforma da metrópole incipiente. A atividade do terreno começou na escala Richter em 9,2, quase derrubando as pessoas. De repente, todos se viram brigando por segurança.

O autor Ryan Pfeil registrou a experiência de Jerry Summer. Em um artigo intitulado "Escape from the Great Alaskan Earthquake", agora crescido, Summer lembrou muitos momentos de uma mudança de mente. Ryan descreve quando Jerry, de 10 anos, morava com sua família em uma casa, em um bairro crescente de casas de luxo, no lado oeste da cidade, com vista para um penhasco em Cook Inlet.

Ele se lembrou do chão ao seu redor e sua irmã de 12 anos começou a desaparecer enquanto brincavam lá fora. Summer disse: "Percebemos que o bairro começou a desmoronar. Árvores começaram a cair. Os vizinhos do outro lado da rua e suas casas começaram a deslizar do penhasco para o oceano! "Ele acrescentou:" Então vimos o chão se partindo e vindo em nossa direção "(*Pfeil*, 2014).

Os que foram pegos na extensão vislumbraram um instantâneo da minha situação em breve prolongada no isolamento primitivo da região rural. Era março de 1964 e a década começou como tumultuada, pelo menos. Então eu nasci nele, nove meses antes do terremoto da Sexta-feira Santa. O evento destrutivo determinou incidentalmente meu destino junto com muitos outros. Consequentemente, a mudança atraiu pessoas que responderiam de várias origens. Algumas pessoas buscavam suas fortunas como uma mini corrida ao ouro. Outros sofreram tragédias na migração para reconstruir os assentamentos do Alasca.

Para um sombrio predito, o desastre reivindicou vidas a uma longa distância onde eu morava na Califórnia.

Um irmão nasceu alguns anos antes e eu cheguei no verão anterior. Portanto, nos próximos meses, eu seria uma criança comum, com um nome normal, em uma situação familiar típica. Infelizmente, o destino iria intervir.

Ondas de choque do meiga terremoto me arrancariam. A catástrofe apresentou o impacto ideal de quebra de recorde no meu jovem futuro por poder absoluto, violência e devastação! Enquanto isso, quando o monstro sísmico tremia e tremia, os danos e a morte se multiplicavam.

Certos tremores sacudem-se de um lado para o outro. No entanto, esse gigante rolou tremulamente. Onde uma ampla circunferência perturba a região de Puget Sound por toda a costa do mar até o interior da Fronteira. Se alguém estava correndo, andando ou parado enquanto o chão continuava ondulando sob os pés, um movimento dificultava a navegação e a turbulência continuava mais de quatro minutos excruciantes.

No epicentro perto de Valdez (Val DEEZ), ao sul de Anchorage, uma enorme quebra de costa mergulhou no mar de Bering. Lajes pesadas e enormes de terra solta provocaram deslizamentos de terra quando a superfície se moveu, rolou e agitou. Então o porto do porto de pesca começou a drenar. Aparentemente causado por uma caverna subterrânea, explicou o Serviço Geológico dos EUA, em um filme intitulado Embora a Terra Seja Movida. Uma fissura gigante era um animal guloso com a boca aberta, que engolia a água, um navio e a doca! Irritadamente, os tsunamis surgiram em direção a praias costeiras próximas e distantes (*Lin*, 2015).

CAPÍTULO 2

ESTOCOLMO

Nove anos depois, em 1973, a Suécia foi o local do famoso assalto a banco em Estocolmo. Tornou-se notório após um episódio dramático que chamou a atenção mundial para uma estranheza à medida que os eventos se desenvolviam. Por vários dias, ladrões armados tomaram conta do estabelecimento financeiro e entraram em barricadas com reféns. As autoridades tentaram freneticamente arranjar a libertação segura de quem pudessem. Finalmente, policiais entraram no prédio, mas, para sua própria perplexidade, não conseguiram distinguir vítimas de criminosos. Incrivelmente, eles encontraram todos dentro hostis (*Lang*, 1974)!

Quando um cenário se apresenta onde os pacientes protegem o agressor que os agride, é peculiar. Ainda assim, um episódio semelhante aconteceu comigo e provavelmente ocorre com mais frequência do que imaginávamos. Na primeira instância, lembrei-me de uma situação semelhante, era difícil detectar a parte lesada. Como pode ocorrer um crime de sequestro se você tem um membro cúmplice? Resposta simples, a vítima tornou-se compatível.

Enquanto eu brincava com a Barbie no Alasca, a vida de Patrícia Hearst começou a desmoronar no Lower 48 Estados. Enquanto ela era de uma família próspera, a bonita aluna da faculdade e socialite poderiam ter passado como filha de qualquer pessoa. Várias semanas após o assalto na Suécia, bandidos com armas invadiram o apartamento de Hearst na Califórnia. Eles agrediram seu noivo, forçaram-na a entrar no porta-malas do carro e ela se foi. Os especialistas em aplicação da lei sabiam como a situação era terrível. Por um lado, o sequestro classifica notoriamente altos em maus resultados. Honestamente, as probabilidades não favoreceram sua sobrevivência nem várias horas. Incrivelmente, dias depois, um grupo radical assumiu a responsabilidade e começou a negociar a libertação da senhorita Hearst.

Logo depois, o caso ganhou força com um desenvolvimento que surpreendeu a todos. Em clara vigilância por vídeo, as imagens mostravam toda a nação e além, Hearst estava vivo. No entanto, forneceu um toque distinto e discernível. A gravação a mostrava cometendo um assalto a banco, empunhando uma espingarda de assalto, dando ordens e cobrindo os outros cúmplices! Naquele ano, a história ganhou manchetes quando agentes federais perseguiram o grupo selvagem do outro lado do país. Assim, quando as notícias da Guerra do Vietnã chegaram ao fim, Patty Hearst tornou-se o tema quente nos lábios de todos os pais.

Eventualmente, em setembro de 1975, Miss Hearst foi capturada e levada em custódia. Profissionais que a examinaram detectaram sintomas clássicos de uma condição comumente chamada lavagem cerebral. No entanto, um termo mais ressentido foi cunhado para descrever a resposta condicionada como síndrome de Estocolmo. Apesar da variedade de circunstâncias que as circunstâncias apresentam, o processo em que ocorre é sempre o mesmo (*Departamento de Justiça dos EUA*, 2016).

1974 - Vigilância Bancária em São Francisco com Miss Hearst

A forma severa de controle da mente presente um mecanismo fascinante que ocorre apenas em casos específicos. A função assumiu o processo de percepção nas circunstâncias mais desesperadoras. Como um interruptor, quando acionado, distorceu o perigo para enganar a mente consciente. A partir de então, sem intervenção, o sequestrador foi um salvador distorcido.

Minha provação exibiu a forma de curiosidade como
a de Hearst. Aparentemente, nossas experiências
podem ter parecido bem diferentes. No entanto,
utilizamos o mesmo dispositivo para lidar com
problemas. Ansiedade extensa colocou minha cabeça
em confinamento, quando fui retirada de minha mãe
quando bebê. No entanto, depois de recuperar a
liberdade intelectual, pude me relacionar com Patty e
com pessoas como nós. Pois, gravado em minha
lembrança estava meu salvador, que era minha tábua
de salvação, quem era o Bicho-papão.

.

CAPÍTULO 3

O ORDEM

A primeira impressão que tive do cara que levou meu irmão e eu não era bom. Mais tarde, idolatrei o homem que chamamos, papai. A princípio, meu irmão absorveu o peso de sua fúria. Por exemplo, quando tinha três ou quatro anos, ele levou um soco na cara quando tentou me consolar. Apenas um pequeno companheiro, ele voou pela sala, onde caiu de costas, 'de asas chatas'. Aliás, suas preocupações por mim desapareceram. E poucos meses depois de nosso sequestro, o vínculo íntimo que compartilhamos desapareceu para sempre.

No devido tempo, consegui atingir o nervo médio do homem depois que aprendi uma expressão e a apliquei a ele. Naquela manhã, enquanto esperava na minha cadeira, fiquei agravado, protestando com as novas palavras, "Olho com ovelha". Bem, se o tempo de resposta era o problema, não era mais, pois a resposta suscitada por essas pequenas joias era rápida! Primeiro, um barulho aterrorizante rasgou através de mim quando um rugido gutural profundo trovejou dele, quebrando meus sons no ar. Em seguida, entrando na minha cara com seu olhar grosseiramente distorcido e olhos penetrantes, ele gritou: "Eu também te odeio!"

Em pouco tempo, uma mulher e mais quatro filhos entrariam em nossas vidas e, menos algumas separações nas próximas décadas, nossa família permaneceria unida até que a maioria de nós crescesse. Inicialmente, papai era pedreiro de trinta anos e, aos vinte e poucos anos, mamãe suspendeu sua carreira em cosmetologia para administrar a casa. Então, nós seis, jovens, com idades de cinco anos, éramos uma mistura dele, dela e a mais nova deles.

Mesmo enquanto nossos pais fundiam ativos, suas prioridades eram distintas. Sem mencionar, sua nobre fachada rapidamente desocupou e ele ficou irritado com os filhos dela. Muitas vezes, a paciência evitava o homem. O aborrecimento azedou sua expressão, enrijeceu sua voz e animou seu desprezo. Mesmo para uma criança pequena, a disparidade demonstrada entre o tratamento dele e a rejeição dela era vívida aparente.

Para minar ainda mais a nossa qualidade de vida diária, ele reservou punição corporal para os meninos. Eles foram espancados por espancamentos prolongados. Uma vez, um de nós fez algo errado. Enquanto estávamos em uma coluna, papai nos disse as regras novamente. Que, seríamos remados um a um até que o culpado aparecesse. A disciplina foi agravada se uma confissão não viesse da pessoa culpada antes que outras pessoas fossem punidas.

Nesse caso particular, testemunhei a ofensa cometida por um dos meus irmãos. Ele estava à minha frente e eu era o quarto na fila. Além disso, eu sabia o que seria do agressor se a culpa fosse descoberta. Assim, levantando a mão e anunciando: "Consegui", consegui alguns golpes, sabendo em particular que era por ser um mentiroso.

Nossos pais brigavam, mas não por dinheiro ou qualquer coisa normal. Quando o caos eclodiu, deslocou a briga menor. Alterações graves podem acontecer como uma inevitabilidade anual, mas geralmente ocorrem quando mamãe se cansa do constante desrespeito de papai pela família. No entanto, havia sinais; as disputas não se materializaram espontaneamente. Um indicador importante, o álcool soletrado entra em conflito com todos os limites. Então, assim que tocou, a voz da mãe começou alta com uma lista arrastada de queixas. Enquanto isso, seu modus operandi era fingir inocente para os espectadores. No estágio em que alcançamos esse volume, nós, crianças, nos tornamos vários graus de desconforto.

Embora eu não me lembre de que ela o tenha agredido fisicamente, na situação comum, ele a prendeu no chão sem dificuldade, sentou-se na barriga e a machucou. Naquela época, nós, crianças, convergíamos quando o julgamento se desintegrou em quase pesadelo. Quando as chances aumentavam, os policiais podiam se envolver.

Uma vez, quando minha mãe solicitou o 911, meus irmãos mais velhos entraram em contato com os serviços de emergência. Incrivelmente, logo depois que a polícia respondeu, eles levaram nossa mãe para a cadeia! Realisticamente, não sei por que eles não o detiveram. Talvez, mulheres desbaste tenham sido legais em certas partes dos Estados Unidos, na época. Muito provavelmente, a lei proibia juntar uma frase inteira em uma única palavra longa. Era, pelo menos possível.

Por fim, nossos pais falaram sobre separação pela primeira vez, e isso causou uma atmosfera sombria para encher a casa. Eu olhei quando mamãe se sentou na sala da família. Com saudade, eu queria que ela me abraçasse. Casualmente, ela mudou sua atenção em minha direção e suavemente falou meu nome. Em seguida, a pergunta da minha mãe era uma que eu periodicamente ponderava a partir de então. Ela perguntou: "Você quer sentar no meu colo?" Quando a mão dela se estendeu em minha direção, eu fiquei sem palavras! Como ela ouviu meus pensamentos? Assentindo, subi e fiquei imaginando o enigma enquanto estava sendo confortada.

Seis crianças de 1 a 6 anos e eu sou o segundo da direita
(Champion, por volta de 1967)

CAPÍTULO 4

PERSEGUIÇÃO

Durante a minha juventude, me senti insegura. No geral, a oposição interna fervia. Eu tinha apreensão pelo futuro. Se eu não tomasse cuidado, meu subconsciente me envolvia em ataques de auto-sabotagem. Então, tentei descobrir meu paradoxo vinculando-o à minha educação. No entanto, eu havia reconciliado a maior parte do caos em casa. De alguma forma, passou além. Assim, comecei a escrever poesia na adolescência. Meu esforço artístico promoveu uma maneira de regular a emoção. Prometi controlar pensamentos negativos sobre mim e pretendi aplicar um conjunto rigoroso de valores para alavancar o respeito próprio. . . se eu pudesse apenas balançar um pouco a balança.

Assim, adotei um petisco literário favorito, para usar como guia. O conceito real por trás da citação de Shakespeare era incompatível com o meu estado cognitivo. Como, eu estava mentindo para mim mesma. Além disso, se minha necessidade interna de subverter a verdade se difundia em relação à minha vontade, para ser sincero, qualquer palpite é bom para o próximo. Provavelmente é seguro especular que esses não eram candidatos próximos aos melhores amigos.

Quaisquer que sejam as distorções que eu abriguei, a pesquisa seria infrutífera por décadas. Uma necessidade subconsciente de proteção exigia que minha confiança em alguma reação traumática permanecesse inalterada. Portanto, meu processo de pensamento amadureceu com uma capacidade diminuída. Como era através de óculos cor de Estocolmo e protetores auriculares com lavagem cerebral, eu navegava na sociedade instável.

"Isso acima de tudo:
Para você mesmo ser verdadeiro
Então deve seguir
Quando vem a noite
E então o dia
Você não pode ser falso para ninguém ".
~ William Shakespeare [Minha versão]

Ser pai ou mãe me capacitou a superar os limites da minha zona de conforto. Alguém precisando de mim me deu confiança. Eu era uma mãe adolescente interessada, fui criada como não fazê-lo. Minha abordagem desafiaria todo método pobre que eu observara em minha busca para criar um ser humano saudável. Como as crianças devem ser, livres de turbulências.

Só então a tragédia atingiu a força do grande colisão de hidros! Nada poderia ter me preparado para a morte do meu irmãozinho. Caí como uma ousada em queda livre. Uma vida inteira não diminuiria a dor, enquanto eu lutava sob o peso da maior tristeza que já conheci.

Meu peso pesado lutou com um oponente pesado em meus instintos parentais determinados. Então eu tinha que ser forte. No entanto, muitas vezes eu era atormentado pela premonição de que uma extrema dificuldade não estava muito longe. Algo estranho era a implicação de uma calamidade de uma fonte interna, que se tornou ameaçadora por causa da batalha interna que frequentemente enfrentava. Quando o casamento de nossos pais finalmente terminou, já que morávamos em regiões próximas, levei os filhos a visitas consistentes com avós, tias e tios porque tentei criar uma ilusão de totalidade da família.

Por alguns anos, meus filhos e eu fizemos um lar feliz juntos. Eu era um líder dos escoteiros, meu filho mais velho tinha uma rota de papel, que nos ajudou a conhecer de perto o nosso bairro rural. O filho do meio teve aulas de bastão e se apresentou em desfiles. E o mais novo era um talento de motocross. Estávamos vivendo o sonho.

Mas, eventualmente, por dentro, comecei a me desfazer. Eu tinha anomalias psicológicas que pareciam vir e não sabia de onde. Mas eles me assustaram. Foi bastante preocupante quando adquiri um medo de espelhos. Então uma bandeira vermelha neon emergiu como choque e confusão absolutos que minha mãe morreu e eu não sabia como me sentir sobre isso. Tinha que haver algo errado. Enquanto eu mantinha o que pensava ser um relacionamento íntimo com meus pais, meu apego mais próximo tinha sido por papai.

Parecia uma força oculta operada malévola contra a minha vontade de desfrutar da serenidade. O que começou como bebidas sociais com os vizinhos começou a atingir níveis de excesso. Pior ainda, meu comportamento aumentou em frequência. Em pouco tempo, amarrei um pouco de embriaguez e refreei o desastre. Certamente, naquela época as realidades duras desciam como granizo em uma manhã fria de primavera, enquanto meu comboio de renegados chegava às pressas na tempestade.

Eu sei como é

Eu costumava ter um sonho recorrente. Para onde estou correndo. Em vez disso, estou tentando fugir, exceto que um homem armado está tentando me matar. O medo é tão intenso que minhas pernas ficam dormentes e começo a tropeçar e cair. Em seguida, quando ele se aproxima, o pânico afiado me força a partir dos laços do sono! Ainda assim, não ouso voltar diretamente a dormir. Pois, eu sei que ele espera nas sombras do meu próximo sonho. Só que não vou acordar dessa vez. Isto não é um sonho. Nem mesmo um pesadelo, mas estou nele.

Eu sei como é morrer. Pode ocorrer em um dia brilhante de outono, com o sol no alto. De repente, o mundo se transforma em completa escuridão. Pelo menos, foi assim que aconteceu comigo. Quando ele levantou a arma grande, ele mirou no meu rosto e começou a disparar. Olhei diretamente para o cano da arma dele. Eu vi o primeiro tiro. Ele ficou a poucos metros de distância, e em um instante eu estaria morta.

Então tudo ficou escuro. Exceto quando aconteceu, algo quebrou aquele sono que tudo consome. Porque eu podia me ouvir gritando! Isso me fez perceber que eu ainda estava vivo. Instintivamente, a sobrevivência me colocou em ação. Pois, se eu

*Nunca pude me imaginar nesse tipo de situação. Eu tento estar
consciente da segurança. Além disso, vivemos no Alto Deserto
com taxas de criminalidade relativamente baixas. Além disso,
sou mãe solteira e tenho três filhos pequenos que dependem de
mim. Quando acordei naquela manhã e preparei meus filhos
para a escola, nada prenunciou os eventos que ocorreram após
apenas quatro horas. Se eu tivesse alguma premonição, teria
dado mais abraços aos meus filhos quando os levasse ao ponto
de ônibus. Porque muito tempo passaria até que eles me vissem
como eu era então, se voltarem a fazer.*

◆

Eventos do meu desenrolar pareciam evitáveis como
o amanhecer, mas logo eu estava remendando os
destroços. Até então, eu não tinha esperança de que
meu conflito interno fosse resolvido. Eu tive que
encarar isso. As chances eram de que uma agonia
tênue continuaria a me assombrar. Parecia que eu caí
em um grande abismo, arranhando como se minha
vida dependesse de escapar do meu aperto,
afrouxando a partida, escapando.

Talvez fosse algo que eu levaria para o meu túmulo.
Mesmo assim, enquanto eu estava respirando,
abandonar minha busca nunca estava acontecendo.
Especialmente depois que meus filhos cresceram.
Parreira, parecia que eles me alcançaram e passaram
por mim! Depois, inspecionei todas as fendas da
minha cota de malha e examinei cada fratura. O
tempo todo, imaginando: "O que continua me
atormentando?" Posteriormente, uma série de
ocasiões produziu condições que me inspiraram a

examinar agressivamente meu passado. Já bastava. Eu precisava entrar na minha cabeça de alguma forma.

O despertar

Eu costumava viver em um estado de incerteza. Até minha jornada levar a uma experiência que chamo de O Despertar. Enquanto meditava, imaginei que meu cérebro era um grande compartimento de armazenamento. Quando entrei, parecia que ninguém havia limpado o local, pois havia uma espessa camada de poeira. Recipientes e caixas estavam espalhados em seções destinadas a várias categorias. Poderia usar a organização, então comecei a me endireitar.

Finalmente, lembrando-me da minha busca, comecei a olhar mais de perto em busca de algo que se destacasse ou parecesse incomum. O que eu precisava descobrir exatamente, não tinha certeza. Exceto, de repente, eu o vi. Lá estava pendurada uma cortina transparente na parte de trás do recinto. Sem pensar, estendi a mão para puxar a cortina quando um medo assustador tomou conta de mim, então eu congelei!

Envolto em certo sentido, o que estava além do véu certamente causaria minha morte, eu sabia o que queria que fosse mortal. Portanto, ponderei se a revelação merecia a ameaça excessiva. Como, valeu a minha vida? Finalmente, tudo se resumiu a agora, ou talvez nunca. Se necessário, eu iria all-in. Com muito cuidado, abri a fachada (Champion, 2015)

CAPÍTULO 5

UPHEAVAL EMOCIONAL

"Oh não! "respirando fundo, eu mal me impedi de gritar. Momentaneamente, o espetáculo me assustou quando mudei o tecido e revelei meu reflexo quebrado! Combatendo o choque, a compaixão crescendo em meu coração, peguei amorosamente a mão do meu eu quebrado, dizendo: "Por favor, me mostre. Deixe-me ver o que aconteceu ".

Imediatamente, com dois anos de novo, eu estava em pé na nossa sala de estar, onde uma mulher estava sentada no sofá. Assim, fiquei idiota com a visão. Duas garotas acompanharam a mulher que me lembrava meu irmão e eu. Ao mesmo tempo, algo parecia notavelmente diferente nelas. Enquanto eu observava, eles se apegaram a um lado da mãe. Infelizmente, as crianças foram queridas! Ela emanava neles seu amor, bondade e maneirismos flexíveis.

Ocasionalmente, ela olhou para mim enquanto falava em seu tom gentil. Então fiquei surpreso quando o olhar dela não passou, mas parou. Calmamente, ela falou o nome que eu fui chamado e disse: "você quer sentar no meu colo?" enquanto eu olhava com admiração, sua filha maior começou a se agitar. Então, sua mãe a silenciou. Em seguida, a senhora voltou-se para mim, inclinou-se para a frente, com as mãos estendidas e disse: "venha e sente-se no meu colo". Então, ela me levantou, me sentou e, nesse caso, aconteceu. De repente, eu fui especial! Pela primeira vez, tive um senso de valor como se fosse totalmente adorado. Foi mágico!

Em seguida, pude ouvir meu pai me dizer para chamá-la pelo seu nome próprio. Mas eu me recusei quando apontei para as crianças e refutei: "eles dizem, mãe!" a primeira oportunidade em que fizemos uma conexão verdadeira, mamãe nunca esqueceu! Espantado, percebi como havíamos revisitado a ocasião, como, anos depois, ela leu minha mente. Ela me salvou. Espere, eu encontrei! Eu estava unido com a minha doença! Em breve, eu entenderia o significado. Ah, se eu soubesse que a verdadeira aventura estava prestes a cruzar a linha de partida.

Cautelosamente, espiei pelos meus olhos recém abertos e olhei para as realizações que inundaram minha lógica. Foi o meu pai. Desde que me lembro, pensei que estávamos perto e, quando jovem, eu praticamente o adorava. De repente, opções alternativas começaram a se apresentar. Então a máscara heroica imaginária que eu criei para ele começou a derreter.

Ele arruinou tudo. Ele era uma fraude que exercia grande cuidado em lealdade ao seu negócio. No entanto, a família era uma obrigação enlutada, nada além de peões para manipular e controlar. Ele usou mamãe como uma babá glorificada e estava amargo que ela viesse com acessórios.

Nisso, fiquei sozinho com meus pensamentos, onde mamãe me deixou naquele vazio oco. A separação dela me saturou até os ossos. Minha dor tornou-se uma reminiscência do Diário da Boneca Quebrada. E minha mente se desvencilhou até cair de joelhos e berrar.

Dentro de semanas, a raiva me envolveu, como se alguém mais tivesse entrado na minha cabeça. Até minha pior raiva se encolheu com a ferocidade que senti. Certamente, esses pensamentos não eram meus. Como alguém com tal barbárie habita tão silenciosamente na psique? Enquanto os sussurros persistiam dia após dia, o demônio sincero insistia que eu seguisse sua hedionda intenção. A coisa sabia quem queria e exatamente o que queria fazer com ele.

O problema era que eu não estava totalmente em desacordo com o plano, pois parecia extremo. Era muito parecido com comida pendurada na minha frente, e eu sabia que podia resistir por tanto tempo, mas no final, ficaria com fome. A situação apresentou algo maior do que eu estava preparado para lidar sozinho. Chegara um ponto em que alguém poderia se machucar. Portanto, localizei os serviços gratuitos do condado, entrei em contato com um conselheiro e marquei uma consulta. Eles não perguntaram qual era a minha preocupação naquela época, mas pensei cuidadosamente em como expressar o problema antes do tempo.

Quando cheguei, a terapeuta não pôde me ajudar, mas vi que ela queria tentar. Por isso, eu disse a ela: "Eu quero matar meu pai". Primeiro, a mulher confirmou que não compartilhamos o mesmo domicílio. Eu assegurei a ela e acrescentei que ele estava de férias. Em seguida, ela educadamente pediu licença para falar com um supervisor. Fugidiamente, pensei em ir para a cadeia, sabendo que não podia argumentar que isso era necessário. Ao partir, dei a ela algumas informações sobre o complexo de reféns. No meu próximo pedido de ajuda, tentei uma linha direta de crise. Infelizmente, eles também não puderam me ajudar! Meu pai estava em grave perigo e ninguém iria me parar.

Finalmente, em completo desespero, como aquele programa, onde uma opção final poderia salvá-lo, liguei para um amigo. Claro, era alguém que tinha uma dinâmica de grupo primário semelhante. Eu o questionei: "Como você cresceu sem matar seu velho?" Despreocupadamente, ele voltou com: "Oh, eu o deixei viver". A noção me pareceu uma possibilidade e, milagrosamente, fui curada literalmente o mais rápido que pude estalar os dedos! Viva e Deixe Viver…

No entanto, onde meus olhos vendados haviam desaparecido, uma vida de decepção sem coração com espírito de crueldade apareceu em meu pai. Ele era o mesmo homem que há muito tempo levou meu irmão e eu, o que não foi feito por amor, mas apesar do meu nascimento, mãe. Ele era um valentão. Alguns fantasmas desviantes surgiram das hordas do inferno e nos alcançaram. Como isso passa despercebido? Ah, lembra-se da maldade lendária que se esconde na escuridão?

Bicho-papão

O próprio pensamento é um terror quando está sozinho ou vocé se sente fraco. Às vezes, é tão alto o risco de você não ousar falar. Não aposte seu dólar suado, que não entraria por aquela porta. Pois quando chegar, tudo será desfeito e sua vida não será mais. É uma coisa terrível e um ser medroso, meu pai, o Bicho-papão

No fundo da sua alma vive um susto que por si só destruirá o seu dia. Uma entidade tão cruel fará com que você deseje orar. É melhor manter os seus passos quietos, para não acordá-lo do sono. Retire-se com pressa para encontrar um local seguro de fuga. Seus próprios filhos são dados para um sacrifício vivo. É meu pai Bicho-papão

A agonia nunca vai embora enquanto o pesadelo abunda. Ouve cada passo quando ouve seus sons. Acredite ou não, você o encontrará em algum lugar no escuro. Se sentir dor, é melhor sentir vergonha e pense duas vezes para chorar em voz alta. É uma coisa perversa e um ser terrível. Meu pai, Bicho-papão.

CAPÍTULO 6

A TAXA FINAL

A consciência aumentada aguçou meus sentidos, afrouxou meus laços e me despiu. Urgentemente, cada átomo dentro me disse para fugir para longe de Bicho-papão. No entanto, eu precisava de uma peça para um certo quebra-cabeça. Eu estava pronto para a resolução. Então, enviei um e-mail para ele. Era uma pergunta direta. Por uma boa causa, como deduzi a síndrome de Estocolmo por minha prolongada cautela. Talvez minha mensagem possa produzir outra pista. Felizmente, no mesmo dia em que ele respondeu, eu o examinei.

O inquérito
Assunto: Questiona
Olá, pai,
Você diria que sempre tivemos um relacionamento bem próximo?

A resposta

Assunto: RE: Questiona

Desculpe não ter lhe enviado um e-mail. Voltei sábado e apareceu ontem. Estava pensando em enviar um e-mail, mas continuava espaçando. Tentei ligar. Não tenho certeza de quando chegarei até descobrir quando o gerador está chegando. Preciso cuidar para que essas coisas me deixem louco. Precisa levantá-lo e reprogramar tudo é tudo. *Bem, eu queria falar com você sobre algumas coisas. Eu diria que sim à sua pergunta.*

Eu me perguntei se minha mensagem o alarmou. Ele poderia detectar a diferença em mim? Pedir para falar pessoalmente era incomum. No passado, apenas assuntos sensíveis eram considerados comunicações que deveriam ser conduzidas dessa maneira. Alguns dias depois, ele me buscou em sua viagem semanal à cidade. Inicialmente, ele não deu nenhuma dica do que queria falar até chegarmos à residência do meu irmão. Assim, ele sentou a nós dois e nos disse que suspeitava ter Alzheimer! Suas ações foram uma tentativa de manipulação? Embora ele não tenha dito que era um diagnóstico, coincidentemente, a condição está entre as principais preocupações que um pai pode ter com idade.

Mais tarde, quando ele me levou para casa, ele me perguntou como eu responderia à minha pergunta. Ele estava prestes a ficar desapontado se pensasse que eu retornaria a mesma resposta que ele. Finalmente, eu pude ver através da ilusão. O desconforto desnudou toda a minha fraqueza, enquanto eu puxava meu casaco com mais força, suspeitas confirmadas, balancei a cabeça.

Olhando pela janela do passageiro, pensei no meu irmão, sabendo que ele e eu fomos atingidos pela mesma doença torturante. Exceto, agora eu perdi os meios para lidar com meu prisioneiro. Quando o táxi da picape se encheu de um pesado silêncio, olhei para perto das colinas e deixei minha mente vagar.

Pensei em uma escolha recente para continuar a faculdade que me posicionou para procurar o apoio mais próximo do pai. Atualmente, morando em um de seus aluguéis, eu estava me sentindo sobrecarregado com as bolsas e os empréstimos da faculdade secando, e apenas estando na metade do meu diploma de bacharel. Inesperadamente, ele começou a rir. Ainda assim, eu tinha que ter certeza do que ouvi. No entanto, quando desviei minha atenção para a explosão, foi Satanás! Brincando comigo, ele riu provocadoramente; proclamando uma das minhas irmãs estava faltando! Oh meu Deus. Eu pensei, como isso poderia estar acontecendo?

Eu fiquei chocado. Não fornecendo feedback, virei novamente, colocando minha observação do lado de fora. Eu disse a mim mesma para ficar calmo, pois chegaríamos para me deixar em alguns minutos. Quando nos aproximamos da garagem, ele me deu um ultimato. Se eu encontrasse outro lugar para morar nas próximas duas semanas, ele pagaria meu aluguel por 6 meses. Caso contrário, ele conseguiria um advogado para me forçar a sair.

Para mim, nada disso parecia apropriado. Ao sair do veículo, disse-lhe para fazer o que julgava necessário. Correndo para a entrada, senti seus olhos azuis gelados me seguindo até a porta. Não surpreendentemente, quarenta horas depois, recebi um aviso de trinta dias!

A finalidade reverberou através de mim. Saí da escola, perdi minha casa e mergulhei na tristeza. A miséria esgotou o que restava do meu otimismo. No entanto, com desprezo, o sol continuou subindo. E enquanto minha base de apoio tombava perigosamente à beira do esquecimento, eu me debatia para me apossar da mentalidade que me mantinha acorrentada há muito tempo! O tempo todo, eu me afoguei em profundidades de desespero.

Lentamente, a trilha íngreme, densa e acidentada levou aos arredores de Estocolmo quando subi nos meus pés trêmulos. Ao olhar para a frente, considerei os objetivos que atingi, além das probabilidades que derrotei, e isso contrastou minha maldição com maus presságios ao meu vínculo improvável com milagres. Assim, ingresso em um número cada vez maior de indivíduos que alteraram nossas mentes. Como fizemos, seguimos em frente e mudamos o mundo!

REFERÊNCIAS

Champion, A. (1967). *Six children Ages 1-6 photograph*. From A. Champion Collection

Champion, A. (2015). The *Awakening*. YouTube,CH@Ted Nottingham. From: https://www.youtube.com/watch?v=kaR7dXV68-M

Lang, Daniel. (1974). *The Bank Drama*. The New Yorker. Retrieved from: https://www.newyorker.com/magazine/1974/11/25/the-bank-drama

Lin Kerns. (2015). *Though the Earth be Moved*. USGS, 1966. Retrieved from: https://www.youtube.com/watch?v=L9ZA6-Mc09s

Pfeil, Ryan McClatchy.(2014). *Escape from the Great Alaskan Earthquake*. From: https://searchproquestcom.contentproxy.phoenix.edu/docview/1510413292?accountid=35812&pq-origsite=summon

Shakespeare, William. (*To Your Own Self Be True*, quote).

U.S. Department of Justice. (2016).*The Patty Hearst Kidnapping*. Retrieved from: https://www.fbi.gov/about-us/history/famouscases/pattyhearstkidnapping

Uma busca por respostas ao longo da vida desvia o caminho batido para o subconsciente, onde a sobrevivência colabora com a ilusão. A realidade é virada do avesso, enquanto em Estocolmo, USA. Como eu escapei entra em um domínio do controle da mente, onde o leitor é convidado para a primeira fila dentro da psique, sob os efeitos da lavagem cerebral. Faça uma aventura em uma dimensão misteriosa, onde o espírito luta com um tormento interior indescritível. Então deve enfrentar o pior medo quando ele surgir inesperadamente.